LE
PREMIER ISRAÉLITE

BAPTISÉ

AU SACRÉ CŒUR

AVEC

PLUSIEURS DISCOURS

DES

ABBÉS LÉMANN

LYON

P. N. JOSSERAND, LIBRAIRE-ÉDITEUR

3, PLACE BELLECOUR, 3

1876

LE

PREMIER ISRAÉLITE

BAPTISÉ AU SACRÉ CŒUR

LE
PREMIER ISRAÉLITE

BAPTISÉ

AU SACRÉ CŒUR

AVEC

PLUSIEURS DISCOURS

DES

ABBÉS LÉMANN

————⚬⚬⚬————

LYON

P. N. JOSSERAND, LIBRAIRE-ÉDITEUR

3, PLACE BELLECOUR, 3

1876

INTRODUCTION

Si le souvenir et la reconnaissance, gracieusement nommés la *mémoire du cœur*, doivent trouver quelque part leur application, n'est-ce pas lorsqu'il s'agit de Paray et du Sacré Cœur?

C'est le motif qui nous a fait recueillir soigneusement tous les détails de la ravissante cérémonie qui a eu lieu, à la date du 17 octobre 1875, dans ce béni séjour. Ce fut le premier baptême d'un israélite au Sacré Cœur.

Nous déposons ces souvenirs comme un bouquet de fleurs de Judée, mêlées de marguerites, sur la châsse de la Bien-heureuse.

On trouvera d'abord dans cet écrit les pensées et les discours de MM. les abbés Lémann. Ce sont eux qui ont préparé et dirigé la fête de Paray. Nous les remercions avec effusion du bonheur céleste qu'ils nous ont procuré et des discours qu'ils ont bien voulu nous communiquer.

Nous y avons mêlé aussi quelques pensées et le récit de la fête. Obscur pèlerin, nous taisons notre nom. Comme la goutte de sang, nous nous perdons dans le Cœur.

Puisse cet opuscule contribuer à faire aimer Jésus-Christ! Lorsqu'on écrit sur son Sacré Cœur, il faudrait pouvoir tremper sa plume dans les couleurs de l'arc-en-ciel, tant ce sujet est riche et varié, ou dans les flots de l'éternel amour, tant il est suave!

CHAPITRE Ier

La préparation au Baptême dans le Sacré Cœur

« David, le prophète royal, ne pouvait pas
« oublier Jérusalem. Il disait : « Que ma
« main droite se sèche et que ma langue
« s'attache à mon palais si jamais je t'oublie,
« ô Jérusalem ! » Et moi aussi, je ne puis pas
« oublier Paray et le Sacré Cœur, parce qu'a-
« près Jérusalem, Paray est aujourd'hui le
« lieu le plus vénérable. »

Telles sont les belles paroles par lesquelles

M. Joseph Lémann a commencé son touchant discours sur *la préparation au Baptême*, et nous allons essayer de nous le rappeler aussi fidèlement que possible. Dernier écho du 17 octobre, dernière brise de ce jour d'éternelle mémoire, puissent ces lignes faire passer dans le cœur de ceux qui les liront quelques-unes des douces impressions que nous avons éprouvées ! Néanmoins c'est en tremblant qu'on aborde un semblable sujet. Il est des joies trop vives et trop intimes pour être exprimées ; il est des larmes d'émotion et de bonheur que l'on ne verse qu'une fois, et les larmes ne se redisent pas : c'est un langage du cœur plus expressif que le langage ordinaire. Voilà pourquoi essayer de le traduire c'est lui enlever sa délicatesse, sa douceur, sa sublime beauté...

I

Après les quelques paroles que nous venons de citer, M. l'abbé Joseph nous a exposé les *motifs* qui lui avaient fait choisir Paray pour le berceau du baptême. « Nous n'ignorons « pas, a-t-il dit, personne n'ignore que quelque « chose d'extraordinaire se prépare pour la « nation juive. Longtemps parqué à l'écart, « ce peuple est resté comme pétrifié sur la « route des siècles. » Les Juifs, en effet, ne vivaient pas : ils se conservaient, ils duraient. Ils duraient à la façon des momies égyptiennes, car eux aussi ils étaient enveloppés de bandelettes qui les emprisonnaient, qui comprimaient en eux tout mouvement : ces bandelettes, c'est-à-dire les prescriptions rabbiniques ; ces bandelettes, c'est-à-dire les observances étroites du Talmud, véritables entraves, prescriptions cent fois plus étroites que celles de Moïse : tout cela les tenait immobiles, tout cela les conservait comme dans un cercueil ; et pour se soustraire à l'action de l'air, pour se préserver du contact de l'atmosphère chrétienne, ils avaient encore ces quartiers à part nommés *Juiveries* en France et *Ghetto* en Italie. Le Ghetto ! cet enfer terrestre des Juifs, cette prison témoin de tant de misère et d'expiation. Il y avait quelque chose de terrible, de poignant, de navrant dans ces hommes qui de familles en familles naissaient, vivaient et mouraient dans cet isolement volontaire, et qui n'auraient eu qu'à incliner leur front sous l'eau du baptême pour prendre place au soleil et à la vie de l'humanité ! On a dit que c'était de l'héroïsme : hélas ! de l'héroïsme perdu dans l'obstination. Dans ces quartiers à part, sans aucun contact avec la société chrétienne, ce peuple se gouvernait selon ses lois propres. Ainsi s'est-il conservé durant dix-neuf siècles.

A la fin du siècle dernier, les juifs ont donc été appelés à la participation de la vie civile, et c'est le fils aîné de l'Église, notre saint roi martyr Louis XVI, qui le premier en a eu la généreuse pensée. « Leur rentrée dans la « société, nous a dit M. l'abbé Joseph avec « une sorte de coup d'œil prophétique, est un « acheminement à leur entrée dans l'Église, « elle en est comme la préparation. Avant « d'en faire des chrétiens, la Providence a « voulu en refaire des hommes. Autrefois « parias, ils sont aujourd'hui presque partout « des citoyens. C'est une sorte d'apprentis- « sage du christianisme qui se fait pour eux. « Et comme preuve de cette préparation au « christianisme, Dieu suscite depuis plusieurs « années des conversions merveilleuses, véri- « tables gouttes de pluie annonçant l'effusion « d'un grand nuage et d'une abondante béné- « diction. »

En effet, depuis un demi-siècle, Dieu semble préparer le grand événement du retour de son peuple, et sur la voie que ce peuple doit parcourir pour arriver à l'Église catholique, il se plaît à placer de distance en distance de merveilleux jalons.

La Vierge immaculée a placé le premier de ces jalons à Rome, le jour où, apparaissant à Marie-Alphonse Ratisbonne, elle illuminait son âme de tout l'éclat de la vérité et de la foi.

Le Très-Saint-Sacrement a posé le second jalon lorsque, au moment d'une bénédiction dans une église de Paris, l'illustre Hermann Cohen, debout et regardant avec mépris cette foule agenouillée, était malgré lui subitement terrassé et prosterné la face contre terre.

Notre grand et saint Pontife Pie IX a posé le troisième jalon lorsque après le baptême du jeune Mortara il préféra exposer sa couronne de roi plutôt que de rendre aux ténèbres un fils de la lumière éternelle.

Le quatrième jalon a été posé par l'Église tout entière lorsque, pendant le Concile du Vatican, MM. Lémann présentèrent la question du peuple juif « demandant au saint Concile, « disent-ils, qu'on adressât à notre peuple « une allocution d'honneur et d'amour. » 510 signatures d'évêques répondirent à la supplication de ces deux frères dont le cœur porte un double amour : l'Église et Israël.

Qui donc leur donne cette ardeur pour le salut de leurs frères, cette assurance de leur prochain retour, cette vue prophétique dans les ténèbres de l'avenir?... Ah! c'est qu'ils ont entendu, eux aussi, cette parole que Jésus-Christ adressait autrefois à ses apôtres; le Sauveur leur a dit : « *Levez les yeux et voyez* « *comme les campagnes sont déjà blanches pour* « *être moissonnées.* » Le moment de la moisson en effet n'est plus loin, c'est-à-dire que l'heure approche où le monde doit jouir d'un grand et sublime spectacle : celui d'une moisson universelle, la moisson du peuple juif. Nous ne devons donc plus nous étonner du travail laborieux et actif de ces incomparables moissonneurs, ces dignes descendants de Ruth la glaneuse ! Un Booz plus puissant que celui dont parle la sainte Écriture les récompensera. Lui qui leur a dit : « *Levez les yeux et* « *voyez comme les campagnes sont déjà blanches* « *pour être moissonnées ;* » lui a ajouté : « *Celui* « *qui moissonne reçoit son salaire et fait la* « *récolte pour la vie éternelle.* »

Ainsi que nous l'avons dit : la sainte Vierge, le Saint-Sacrement, la Papauté, le Concile du Vatican, c'est-à-dire toutes les puissances divines de notre siècle, ont chacune à leur manière fait quelque chose pour le retour du peuple juif. Il restait le Sacré Cœur.

Eh bien ! le voilà, lui aussi, mêlé à la conversion du peuple juif, et ce premier baptême d'un israélite au Sacré Cœur sera comme le cinquième jalon sur la route du retour.

M. l'abbé Joseph a terminé la première partie de son discours par une citation du saint Évangile. Laissons-lui ces paroles dans la bouche. Prononcées par lui, elles conserveront quelque chose de leur émotion et de leur beauté :

« *Jérusalem, Jérusalem, que de fois j'ai*
« *voulu rassembler tes enfants comme la poule*
« *rassemble ses petits sous son aile.* » « Ce fut
« le cri d'amour le plus tendre qui soit ja-
« mais sorti du Cœur de Jésus-Christ. Dans
« notre aveuglement et notre ingratitude,
« nous avions refusé d'être rassemblés sous
« les ailes de l'amour. Eh bien ! par ce bap-
« tême au Sacré Cœur, dans ce lieu où Jésus-
« Christ, découvrant sa poitrine, a dit : « *Voici*

1.

« *ce Cœur qui a tant aimé les hommes,* » nous
« venons supplier l'amour d'étendre de nou-
« veau ses ailes, de nous reprendre et de nous
« rassembler de nouveau. »

II

Avant de parler de la cérémonie, il est
nécessaire de donner quelques détails sur *le
jeune néophyte.* Il est de l'Orient. L'Orient, la
terre des patriarches, la terre du Sinaï et du
Calvaire, des gloires et des fautes du peuple
juif. Il y a une grande différence entre les
juifs de l'Orient et les juifs de l'Occident.

En Occident, un grand nombre d'entre eux
ont abandonné les traditions de leurs pères.
Ils sont coupables non seulement de n'être pas
encore chrétiens, mais de n'être plus israélites.
Ils sont rationalistes et indifférents. Le ratio-

nalisme et l'indifférence ! ces deux fléaux qui font de l'homme une machine sans moteur, un vaisseau sans voile, une âme sans grandeur et sans amour. Toutefois les juifs de l'Occident ne sont pas les premiers coupables dans la perte de leurs traditions religieuses. La responsabilité en est aux nations chrétiennes. Lorsque les juifs, en effet, furent appelés à entrer dans la société civile, ils la trouvèrent en proie au rationalisme et à l'indifférence. Ils subirent naturellement l'influence du milieu dans lequel ils étaient entrés. Voilà comment nous, chrétiens, qui devions donner la vie, nous avons commencé par donner le poison ; nous qui devions réveiller ce peuple tombé en léthargie, nous avons en quelque sorte rendu ce sommeil plus profond et plus effrayant !

En Orient, au contraire, les juifs, toujours parqués à l'écart et peu mêlés à la société, ont conservé toutes leurs traditions religieuses. Ils sont encore ce qu'ils étaient il y a dix-neuf siècles. Ils conservent les mêmes lois, les mêmes coutumes, les mêmes espérances.

Ce doit être un spectacle bien touchant que celui des juifs de Jérusalem venant chaque vendredi pleurer sur les ruines du Temple; ils n'y ont pas manqué depuis dix-neuf cents ans !... Et les juifs de l'extrême Orient qui ne peuvent pas venir à Jérusalem, se font apporter de petits sachets remplis de terre de la ville sainte. A leur lit de mort, ils se font placer ce précieux talisman sur le cœur et sont ensevelis avec la terre de leur patrie bien-aimée. Ah ! nous avions bien raison de dire qu'il reste quelque chose de sublime et de touchant dans le véritable israélite de bonne foi! Sa fidélité, bien plus ferme et bien plus durable que les vieux cèdres de son Liban, conserve néanmoins quelque ressemblance avec leur

majesté et leur imposante beauté. « O catho-
« liques! quelle leçon pour vous! a ajouté
« l'orateur. Si les pauvres juifs sont ainsi atta-
« chés à la poussière de la Jérusalem péris-
« sable, quel ne doit pas être votre amour,
« votre attachement pour l'Église, la Jérusa-
« lem qui ne doit jamais périr ! »

Mais par cela même qu'ils sont plus fervents
et plus attachés à leur religion, les juifs de
l'Orient sont plus difficiles à convaincre et à
éclairer. Sur eux se réalise cette effrayante
prophétie : « *Je mettrai entre leurs mains la*
« *coupe de l'assoupissement. Ils en boiront tous,*
« *et chacun d'eux tombera en léthargie.* » Aussi
la conversion d'un juif peut-elle être comparée
à la résurrection d'un mort. Il faut que sur
cette léthargie profonde et sur ces bandelettes
se fasse entendre ce commandement : « *Lazare,*
« *sors du tombeau.* »

La conversion d'un juif offre donc de

sérieuses difficultés, mais au Dieu qui rappela Lazare rien n'est difficile, et voici comment il s'y prit à l'endroit du jeune néophyte dont nous parlons.

Une société israélite très puissante, l'*Alliance israélite universelle*, qui a son siége à Paris, l'avait fait venir dans cette ville pour y faire ses études au séminaire israélite. Il devait plus tard repartir pour l'Orient comme instituteur et soutien du judaïsme. Une personne inconnue et qu'il ne reverra probablement jamais, lui dit un jour en causant : *Etes-vous bien sûr que le Messie ne soit pas venu?* Cette parole fut le départ de méditations solitaires, l'Esprit de Dieu commençait son ouvrage. La maladie força le jeune israélite à interrompre ses études au séminaire juif. Il vint à Lyon, et c'est là qu'il eut le bonheur de faire la connaissance des Messieurs Lémann.

« Nous vîmes de suite, dit M. l'abbé Joseph,

« que nous avions à faire à un esprit cultivé
« et à un cœur naïf comme celui de Natha-
« naël. Dieu nous accorda la grâce et l'onc-
« tion pour lui faire comprendre qu'en deve-
« nant catholique il ne changeait pas de
« religion, mais qu'il couronnait ses belles
« traditions juives, exactement comme la
« fleur couronne la tige. » En effet, à la différence du païen et même du protestant, l'israélite est dans la vérité, mais dans la vérité
incomplète et insuffisante. Il n'a rien à abju-
rer ; il a à reconnaître et à embrasser la plénitude de la vérité. Le Temple n'est plus, le
sacrifice a cessé chez les juifs. En se faisant
catholique, l'enfant d'Israël retrouve partout
le Temple, l'autel et le sacrifice perpétuel. Il
retrouve, dans nos églises, le chant des
psaumes de David, et la lecture des prophètes
et de tout l'Ancien Testament. Le vieil Israël
a eu la manne au désert et les pains de propo-

sition dans le Temple. Ces figures sont aujourd'hui la réalité. Nous adorons à l'autel et nous recevons à la communion le pain vivant descendu du ciel pour nous y reconduire. Jusque dans notre Martyrologe romain, l'israélite retrouve, à leurs jours, les saints et saintes de la Bible : Abraham, Moïse, David, Jean-Baptiste, etc., etc. Jésus-Christ n'a-t-il pas dit lui-même qu'il n'est pas venu détruire, mais perfectionner la loi et l'accomplir ? N'est-il pas sans cesse attentif dans son Evangile à faire ressortir l'accord des deux Testaments, quand il dit, par exemple : « Selon qu'il est écrit au livre des Prophètes ? » L'israélite qui devient catholique ne change donc pas sa religion, il la complète et la couronne. Il passe en un mot de la tige à la fleur, du mosaïsme qui est une préparation, au catholicisme qui est un achèvement. L'âme du jeune néophyte n'eut pas de peine à comprendre ces sublimes harmonies qui existent entre les deux Testaments, et il dit un jour à M. l'abbé Joseph : « *En devenant catholique, je veux devenir un* « *israélite parfait.* » Il disait encore : « *Je* « *suis bienheureux à la pensée de mon baptême,* « *mais la pensée de recevoir Jésus-Christ dans* « *la communion me ravit davantage.* » « *Je lui* « *demandai pourquoi,* ajoute M. J. Lémann, *et* « *il me répondit : Vous m'avez appris qu'il y* « *avait trois sortes de baptêmes : le baptême* « *d'eau, le baptême de désir et le baptême de* « *sang. Eh bien! il y a longtemps que j'ai le* « *désir du baptême, et par conséquent je possède* « *déjà le baptême de désir. Celui de l'eau que* « *je vais recevoir ne fera qu'achever quelque* « *chose qui est déjà en moi. Mais lorsque je* « *recevrai Jésus-Christ dans la communion, ce* « *sera quelque chose de tout nouveau pour mon* « *cœur.* » Comme la grâce produit la fraîcheur de la pensée ! Dans une âme à la Nathanaël, il y a souvent des distinctions pleines de délicatesse qui échappent à l'esprit des vieux théologiens.

Les noms qui ont été donnés au nouveau baptisé sont ceux-ci : *Marie, André, Joseph :* *Marie,* à cause de la très sainte Vierge et de la bienheureuse Marguerite-Marie ; *André* à cause du parrain et de la Croix : le jeune converti a une dévotion particulière à la Croix ; enfin *Joseph,* qui sera son nom habituel, parce qu'il est le lien des deux Testaments : il y a eu Joseph, fils de Jacob, et Joseph, l'heureux époux de Marie et père en quelque sorte du Sacré Cœur.

III

Dans la dernière partie de son sermon, l'éminent orateur nous a indiqué la manière dont nous devions *coopérer* à la touchante cérémonie du baptême.

Il a commencé par détruire un regret et une objection qui s'élèvent souvent dans le cœur des catholiques lorsqu'ils assistent au baptême d'un adulte.

Qui de nous, en effet, en assistant au baptême d'un israélite ou d'un infidèle, n'a envié la place de celui qui était ainsi baptisé à l'âge de raison, et qui par conséquent se donnait à Dieu de son propre mouvement et avec la parfaite connaissance de l'acte qu'il faisait ? Qui de nous à cette vue n'a senti en son cœur un battement d'envie, un soupir de regret ?... surtout s'il s'est dit qu'au baptême reçu à l'âge de raison, il aurait recouvré la robe d'innocence et l'aurait conservée avec plus de soin. Eh bien ! n'ayons point de regret ; le regret ne doit pas être de notre côté. Un apôtre, un converti va nous le dire : « Sans « doute, c'est un bien grand bonheur, une « faveur inappréciable que de reconnaître

« Jésus-Christ alors qu'on est à l'âge de raison
« et de porter soi-même ses pas vers lui au
« lieu d'y être porté par un autre. Mais voyez-
« vous, lorsqu'on a reconnu combien Jésus-
« Christ est bon, combien sa grâce est douce,
« combien son Eglise est belle, et que d'autre
« part on a déjà passé vingt ans, trente ans
« de sa vie sans s'être occupé de lui, sans
« l'avoir adoré une fois, et qu'on est peut-être
« déjà sur le déclin de l'âge, on éprouve alors
« ce regret que vous, vous ne connaîtrez
« jamais, que nous avons éprouvé, ce regret
« qu'au nom de tous les convertis attardés,
« saint Augustin a formulé dans ce cri de son
« cœur : *O beauté toujours ancienne, beauté*
« *toujours nouvelle, trop tard je t'ai connue, trop*
« *tard je t'ai aimée !* Heureux chrétiens du
« matin de la vie, vous avez été bercés et
« endormis au nom de Jésus ; nous, nous n'a-
« vons pas eu ce bonheur. Vous avez été éle-

« vés sur les genoux d'une mère chrétienne,
« la première de toutes les grâces, celle qui
« suit l'homme jusqu'à la tombe ; nous, nous
« ne l'avons pas été ! Quant à la robe d'inno-
« cence, si vous avez eu le malheur de la
« perdre, avez-vous donc oublié que le sang
« de Jésus-Christ au saint tribunal de la péni-
« tence n'a jamais refusé, que dis-je ! s'est
« toujours empressé de vous en rendre la
« blancheur ? »

Nous n'avons donc rien à regretter, nous
enfants de Dieu dès le berceau ; c'est nous qui
avons la meilleure part. Nous n'avons donc
rien à regretter, nous qui avons pu, comme le
nouveau baptisé, nous approcher du Sacré
Cœur avec notre robe blanche, notre innocence
recouvrée dans le sang de Jésus-Christ. A
côté des larmes de bonheur que versait le
jeune enfant, il y a eu nos larmes de contri-
tion ; à côté de ses palpitations d'amour, il y

a eu nos brisements de cœur, et la scène a été plus belle.

Après avoir ainsi détruit dans nos cœurs l'objection du *regret*, l'abbé Lémann a décrit alors d'une manière non moins touchante la *coopération* qu'on peut apporter au baptême d'un israélite.

La théologie, nous a-t-il dit, enseigne qu'il y a pour un même individu deux sortes de baptêmes : son premier baptême, baptême *facile*, dans lequel la grâce de Dieu a fait pour ainsi dire tous les frais ; et le baptême *laborieux* ou le sacrement de Pénitence, dans lequel l'homme est obligé d'y mettre du sien, et de mêler ses larmes et ses efforts au sang et aux mérites de Jésus-Christ. « Eh bien ! la « coopération que je vous demande à cette « belle cérémonie, c'est de vous soumettre au « baptême laborieux ou de la Pénitence. » Inutile d'ajouter que nous avons tous entendu

cet appel, et que tous ceux qui étaient présents
ont voulu s'associer à ce premier baptême par
le second baptême de la Pénitence. Aussi bien,
comment aurions-nous pu résister à cette invi-
tation ? L'orateur nous a montré dans le sacrement de Pénitence des choses si consolantes !

« Dans les pages de notre vieille Bible il y
« a, à l'endroit de la Pénitence, des pro-
« messes de Dieu que je ne relis jamais sans
« émotion. Dieu a dit : *Si vos péchés étaient*
« *rouges comme l'écarlate, lorsque vous en*
« *demanderez pardon, ils deviendront blancs*
« *comme la neige* (¹). Quelle opposition plus
« grande que celle de l'écarlate et de la blan-
« cheur ! Eh bien ! la miséricorde divine se
« sert de ce contraste pour faire comprendre
« au pécheur pénitent que, lorsque Dieu lui a
« pardonné, à la place de la pourpre ardente

(1) Isaïe, I, 18.

« de ses fautes, il n'y a plus que le calme de
« la blancheur.

« Dieu a dit encore : *Vos fautes, je les jette-*
« *rai derrière moi dans la profondeur des*
« *mers* (¹). Retirez donc, si cela vous est pos-
« sible, une pierre que vous auriez jetée dans
« les profondeurs de l'Océan. Dieu, pour vous
« tranquilliser après le pardon obtenu, assi-
« mile l'oubli des fautes à cette pierre que
« vous auriez jetée. Il a jeté lui aussi vos
« fautes dans des profondeurs incommensu-
« rables. Et de peur que son regard, qui perce
« tout, n'atteigne ce que sa main ne veut plus
« saisir, il ajoute : Je jetterai *derrière moi* vos
« fautes. Il est impossible de rien voir der-
« rière soi. Eh bien ! Dieu emprisonne, pour
« ainsi dire, son Immensité et sa Majesté
« dans ces limites de la créature, pour faire

____

(1) Michée, vii, 19. Isaïe, xxxviii, 17.

« comprendre qu'il ne sait plus rien et qu'il ne
« voit plus rien des fautes qu'il a pardonnées.

« O mes frères ! accordez-moi donc le bon-
« heur de rendre, au nom du Seigneur, vos
« fautes blanches comme la neige, et de jeter
« derrière moi vos fautes dans les profon-
« deurs de l'oubli. Que mes mains, qui tres-
« sailliront demain en versant sur le front
« de mon enfant l'eau du baptême d'amour,
« tressaillent dès ce soir en répandant sur
« vos âmes l'absolution attachée au baptême
« de la Pénitence.

« Telle est la préparation que je vous de-
« mande. J'en demanderai une aussi à la
« nature elle-même. Depuis cinq jours il ne
« cesse de pleuvoir. Lorsque Josué dut com-
« battre les Amalécites, il commanda au soleil
« de s'arrêter. A notre tour, pour combattre
« demain les milices infernales, demandons
« au firmament le soleil de Josué. »

Telles sont les belles paroles qui ont terminé le splendide discours que nous avons essayé d'analyser. Mais ce ne sont là que les préparatifs de la fête, que sera-ce du grand jour? Jusqu'à présent nous avons pour ainsi dire conversé sous les portiques, et entrevu de là les splendeurs de la sainte Chapelle de Paray. Pénétrons plus avant dans le saint lieu, et là, recueillis, contemplons la scène incomparable qui s'offre à nos regards. Elle est du nombre de celles que le cœur n'oublie jamais.

CHAPITRE II

Le jour du Baptême

(17 octobre 1875)

Pour bien décrire la cérémonie accomplie au sanctuaire de la Visitation de Paray, le 17 octobre 1875, il faudrait qu'un ange se chargeât de la narration, car il est question de choses toutes célestes.

Le langage humain peut dire ce que les sens ont aperçu ; l'intelligence, ce que la foi lui a enseigné ; mais l'âme, comment dira-t-elle ce que son Dieu lui a fait entrevoir sous ces symboles sacrés et ces impressions divines ? Si grand qu'il fût, le fait n'était-il pas un prélude plus grand encore ?

Les premiers pas du peuple d'Israël vers le Sacré Cœur, la rencontre, l'étreinte, l'embrassement mutuel de ce Cœur et de ce peuple, oui, voilà ce qui a été vu dans le baptême et la première communion de Marie-André-Joseph! Ces choses ont eu lieu dans le sanctuaire de la divine apparition, en face de l'autel qui en fut le trône, aux pieds de la bienheureuse vierge Marguerite qui en fut la confidente!

On dit que dans cette enceinte les pierres ont une voix pour rendre témoignage de l'amour du Sauveur Jésus; que sur les murs eux-mêmes les réponses du repentir et de la reconnaissance garnissent des centaines d'étendards; mais leur éloquence ne dira toujours pas ce qu'il y a d'ineffable dans ce premier baptême d'un israélite au Sacré Cœur! — Et nous aussi, nous ne saurons qu'en rappeler bien imparfaitement le côté extérieur, et recueillir quelques pensées. Volontiers on dirait

avec la Bienheureuse : « *Je m'en trouve telle-*
« *ment remplie que je ne les puis exprimer. Je*
« *m'en vois environnée de toutes parts sans en*
« *pouvoir sortir ni les distinguer ; il me semble*
« *être une petite goutte d'eau dans cet océan*
« *du Sacré Cœur.* »

Ce jour était donc arrivé ! Le jeune asiatique,
fils d'Abraham, en avait salué l'aurore avec un
transport pareil à celui du patriarche entrevoyant le jour de Jésus-Christ. Le soleil ma-
tériel lui-même semblait pressé d'éclairer ce
spectacle, tant ses rayons partaient de l'orient
purs et lumineux. Le soleil de Josué se montrait
fidèle !

La chapelle de la Visitation est toute en
fête. Il y a des fleurs blanches à tous ses au-
tels, des guirlandes de roses blanches sur la
châsse, des marguerites autour de la petite
table drapée de blanc qui porte les objets
nécessaires au baptême. L'harmonium est

2.

tout prêt à mêler ses accords aux chants sacrés. Sept heures ont sonné. Un chœur sacerdotal entonne une petite composition faite sur le baptême de Marguerite-Marie : gracieuse idée de rattacher l'un à l'autre ces deux faits dignes de réjouir le ciel et la terre.

C'est un dialogue dans lequel les témoins du baptême de la jeune Marguerite interrogent les anges :

> Anges saints, anges si doux,
> Ah ! de grâce, dites-nous
> Quelle est cette Enfant bénie !...

Et eux de répondre :

> Cette Enfant, l'amour des cieux,
> Excite nos chants joyeux.
> Oui, pour couronner sa tête
> L'auréole est déjà prête.
> Son nom sera glorieux
> Bientôt en tous lieux.

Et le peuple demande quel est ce nom, et les anges le prononcent sur les ondes baptismales.

Et Jésus ajoute :

> Chère Enfant, je te choisis !
> Pour jamais je te bénis...
> Tu seras mon sanctuaire,
> Et tu diras à la terre
> Les secrets pleins de douceur
> De mon divin Cœur.

Tout le chœur angélique répond :

> « Gloire au plus haut des cieux !
> Paix et bonheur en ces lieux ! »

Pendant que ces derniers mots expirent sous les voûtes du sanctuaire, le catéchumène apparaît à la porte d'entrée. Il est conduit par son parrain et sa marraine, l'un venu de la ville des papes, Avignon ; l'autre, fille de la cité des martyrs et de l'apostolat, Lyon (1).

______

(1) Le parrain fut M. André PONS, notaire de Msr l'archevêque d'Avignon. La marraine fut Mme FORESTIER, directrice de l'Institution des sourds-muets de Lyon.

Disons un mot de l'assistance. Elle était pour ainsi dire une efflorescence des deux Testaments. Un très grand nombre de catholiques, mais aussi un certain nombre d'enfants d'Israël. En effet, outre le baptisé et ses deux anciens coréligionnaires devenus ses apôtres, MM. Lémann, on remarquait plusieurs israélites convertis. De plus, absents de corps, mais présents de cœur : le P. Marie Ratisbonne, auquel on avait fait savoir la bonne nouvelle ; et M. l'abbé Mortara, si célèbre dans l'histoire des tendresses de Pie IX. Invité à cette cérémonie, mais retenu dans son diocèse, il avait répondu en ces termes à MM. Lémann : « Toute la journée de demain je serai avec vous de cœur. Et je bénirai mon baptême dans celui que vous allez donner. »

Enfin, pour dernier charme, le P. Hermann avait été pour ainsi dire appelé du fond du ciel où il est monté. Ses cantiques avaient été choisis de préférence pour cette cérémonie. Oh! comme il devait contempler avec bonheur ce sublime baiser des deux Testaments et chanter avec nous ces strophes si belles : « *Ils ne sont plus, ces jours de larmes,* etc. » Un livre entier ne révélerait pas mieux les douces émotions, la paix incomparable qui doivent inonder l'âme de l'esclave qui devient libre, de l'israélite qui devient catholique.

Telle était la réunion formée dans ce parterre embaumé de Paray, au milieu duquel s'élevait, sur un faisceau d'or et de marguerites, cette fleur si pure et si blanche qu'on appelle Marguerite-Marie, la Marguerite du Sacré Cœur !

La cérémonie commence. Celui qui a été l'instrument providentiel de la grâce, celui qui a rencontré ce nouveau Nathanaël et l'a conduit à Jésus, M. Joseph Lémann doit acquérir ici le titre de Père. C'est bien à lui qu'il appartient de régénérer cette chère âme et de l'incorporer à l'Église. C'est bien à lui de l'introduire dans le Cœur de Jésus ! Avec quel amour il l'a suivie dans ses derniers jours de préparation ! Avec quelle sollicitude il a prié pour déjouer les suprêmes efforts de Satan ! Saint Paul avait parlé pour lui lorsqu'il avait décrit cet enfantement mystérieux des âmes qui lui faisait éprouver tant d'angoisses et tant de joie.

Le voilà donc interrogeant son néophyte, en présence d'un peuple immense. Il lui parle dans la langue de Rome : « Que demandez-vous à l'Église de Dieu ? » — « *Fidem*, la foi, répond le converti. » — Et le dialogue continue jusqu'à ce que l'enfant d'Israël ait prononcé en entier le *Credo* et le *Pater* des chrétiens. Le ministre de Dieu fait les exorcismes et prières, les onctions saintes, et il ordonne à Satan d'abandonner ce temple spirituel où Jésus-Christ va placer sa croix victorieuse.....

A l'instant marqué le prêtre, prenant l'élu par le bras, l'introduit dans l'église et le conduit à travers la milice angélique et la foule du peuple, jusqu'au sanctuaire. Pour lui, *les Fonts baptismaux* devaient être *le Sacré Cœur*, et l'eau régénératrice devait être, pour ainsi dire, prise à la source dont saint Jean a dit que, lorsque le Centurion perça le côté de Jésus, *il en sortit* du sang et *de l'eau.*

En présence de l'autel du Sacré-Cœur, à côté de la châsse de la Bienheureuse, nouvelles interrogations, nouvelles réponses, mais cette fois en langue française : le prêtre et l'israélite veulent que tous les assistants entendent les miséricordes du Seigneur et les serments de celui qui en est l'objet. Tous s'associent du fond du cœur à ces paroles, à ces rites vénérables... et c'est à ce moment que l'on se prend presque à regretter que le sacrement de Baptême ne puisse être conféré qu'une fois ! Du sein de sa mère l'enfant chrétien passe aux bras de Jésus-Christ, il en reçoit le baiser de paix et d'amour sans même s'en douter ; mais celui qui vient à Jésus-Christ dans toute la plénitude de son intelligence et de sa volonté, oh ! celui-là comprend le don de Dieu. — En vérité c'est une grâce que d'avoir été témoin d'un baptême d'adulte... surtout si l'on sait que cet adulte, héritier des plus douces bénédictions, est de la propre race du Christ !

Voilà que l'instant solennel est venu : le prêtre a remplacé l'étole violette, couleur du péché et de la pénitence, par l'étole blanche, emblème de l'innocence... Il prie encore... puis il verse l'eau baptismale sur le front de Marie-André-Joseph. — O mon Dieu ! je me tais, parce qu'en cet instant l'Esprit-Saint est descendu, et que ces paroles se sont fait entendre aux âmes : « Celui-ci est mon fils bien-aimé dans lequel je me complais ! »

A ce moment, l'émotion du néophyte et des assistants était à son comble. Que de larmes coulaient !... larmes aussi douces que la rosée du ciel ; larmes expressives, car les larmes sont la parole du cœur, la vive expression de ce qu'il éprouve intérieurement. On a dit « que les larmes sont un trésor que notre cœur fournit à nos paupières. » Cette charmante idée n'a jamais semblé plus vraie qu'en tel lieu et à pareil moment. Chacun avait part à ce trésor, car tout le monde pleurait.

Le ministre du ciel revêt ensuite le néophyte d'une robe blanche et d'une ceinture blanche, en lui disant : « Reçois ce vêtement « d'innocence et veille à le rapporter sans « tache au tribunal de Jésus-Christ, afin que « tu aies la vie éternelle. » Ce souhait de la vie éternelle est à chaque instant répété dans la cérémonie sainte, qui cependant est le début de la vie d'ici-bas. Mais l'homme vit peu de jours et souvent dans l'amertume du cœur ; voyageur, il marche sur un chemin difficile et épineux, et si parfois, rencontrant une fleur, une rose, il veut la cueillir, elle est flétrie avant qu'il y ait porté la main. La religion, qui sait toutes nos misères et la brièveté de nos jours, fait des souhaits pour que nous ayons mieux que les rapides instants qui nous sont accordés sur cette terre ; elle nous parle peu de nos quelques jours d'ici-bas, elle ne songe qu'aux années éternelles ; elle nous parle peu du voyage et de la route à parcourir, elle nous montre surtout le but, la patrie céleste.

Après ce souhait de la vie éternelle, le prêtre donna à son enfant le baiser de paix... Que dut-il être ce baiser ?... Comment appellerait-on l'étreinte de ces deux âmes si chères l'une à l'autre, et identifiées alors en Jésus ?... « *L'âme de Jonathas était unie à l'âme de David ; Jonathas l'aima comme son âme.* »

La cérémonie du baptême était terminée. M. l'abbé Augustin Lémann prit alors la parole.

Sa pensée se reporte d'un trait à ce jour où Jésus disait en descendant du mont des Oliviers : « O Jérusalem, si tu savais connaître ce qui importe à ta paix en ce jour qui est ton jour ! » Et, constatant que toute âme en ce monde a *son jour*, comme Jérusalem, qui aura son retentissement à travers tous les siècles éternels, il félicite ce vrai fils d'Abraham d'avoir connu ce jour. « Vous êtes à Jésus-Christ, s'écrie-t-il. Mieux que cela, vous lui ressemblez !... En vous pas même l'ombre d'un péché : faute originelle, fautes actuelles, tout a disparu. Plus rien qu'une âme transfigurée et un vêtement d'innocence blanc comme la neige... » — Puis il rapproche cette blancheur de la candeur virginale de Marguerite-Marie... Il rappelle que cette vierge bénie avait dit en mettant pour la première fois le pied dans cette chapelle : « C'est ici le lieu de mon bonheur, le cher Paray ! » et il dit au baptisé : « Que dans le cantique de vos souvenirs et de vos actions de grâces le cher Paray, devenu pour vous aussi le lieu du bonheur, que le cher Paray ait désormais la première place ! Sacrez-en les pierres avec l'huile de l'amour, comme Jacob notre père sacra à Bethel le lieu de sa vision. »

Il nous montra ensuite dans le *Magnificat* de la sainte Vierge des beautés que nous ignorions. Il eut sur ce texte : « *il reprendra Israël son enfant,* » des illuminations magnifiques. On les lira plus loin.

La messe de la première communion commence. C'est M. Joseph qui est à l'autel. Au moment de la communion, il prend la parole et appelle son enfant au banquet des anges : « Mon cher enfant, vous ayant engendré en Jésus-Christ par le baptême, il y a désormais

entre votre âme et la mienne un lien indissoluble. Gravez donc au plus profond de cette
âme le conseil que votre père va vous donner
au moment du si doux passage de votre baptême à votre première communion... Nous,
peuple juif, nous sommes *en retard*, surtout au
point de vue de *l'amour*... Je viens vous proposer, mon enfant, de regagner l'amour que
vous n'avez pas encore donné à Jésus-
Christ... » Et déroulant ensuite la touchante
histoire de Joseph retrouvé par ses frères, il
lui montre Jésus-Christ retrouvé sous *le froment de l'Eucharistie*, comme Joseph l'avait été
autrefois au milieu des *épis* de l'Egypte. Le
tableau était palpitant. Lorsque l'orateur pro-
nonça ces mots de la Bible : *C'est moi qui suis
Joseph*, C'EST MOI QUI SUIS JÉSUS, sa voix,
ordinairement si pleine d'assurance, trahit
son émotion : c'était la voix pleine de larmes de
Joseph reconnaissant et embrassant ses frères !

Nous voici donc au moment de la première communion ; c’est l’heure la plus solennelle, le moment où les anges eux-mêmes doivent nous envier le bonheur de communier sur la terre. Le nouveau chrétien s’est approché de la sainte Table, et en apercevant le Pain de vie il a pu, comme le Prophète, s’écrier en son cœur : « Vous avez préparé une table devant moi : « c’est le Seigneur qui me nourrit, rien ne « me manquera, il m’a établi dans un abon- « dant pâturage. » Ah ! jeune et heureux chrétien, maintenant que vous avez Jésus-Christ dans votre poitrine, c’est à présent qu’il faut être enthousiasmé de la bonté du Dieu qui vous adopte pour son enfant : une dernière fois il faut vous faire comparer la religion que vous avez professée avec celle qui va la compléter. Lisez seulement un mot de votre Bible, écoutez un commandement de la loi de crainte, et dites-nous si la loi d’amour n'a pas des charmes et des douceurs inconnues à vos observances rabbiniques ? Ecoutez : Autrefois Dieu communiquait avec son peuple ; c'est-à-dire que par le ministère de Moïse il parlait à ce peuple, lui donnait des lois, manifestait sa colère quand ces lois n'étaient pas observées. Mais, remarquez-le bien, il ne parlait qu'à Moïse, il tenait son peuple éloigné de la montagne toute fumante de sa majesté et il disait : « Retirez-vous..... que mon serviteur Moïse approche seul, et les hommes et les animaux qui aborderont près de la montagne mourront de mort. » La loi mosaïque a été donnée avec ce redoutable appareil.

Sous l'Évangile Dieu change de langage. Qu'y a-t-il de plus accessible que lui ; qu'y a-t-il de plus doux, de plus affable ? Non seulement il permet que nous l'approchions, que nous allions à lui : « Venez à moi, vous tous « qui êtes chargés, et je vous soulagerai ; »

mais il nous fait un devoir de l'aimer, un pré-
cepte de le recevoir, de le manger : « En
« vérité, en vérité, je vous le dis : si vous ne
« mangez la chair du Fils de l'homme et si
« vous ne buvez son sang, vous n'aurez pas la
« vie en vous. » Quel langage peut être plus
pressant et plus significatif, et, comme le dit
Massillon : « Dieu, qui a créé le cœur de
« l'homme, en connaît toutes les faiblesses : il
« sait que l'éloignement ralentit les liaisons
« les plus vives. » Donc, d'une part, sous la
loi mosaïque : *Retirez-vous*, etc., et de là la
crainte, l'éloignement, le respect ; quelle fidélité d'esclave, quelle obéissance rude et
farouche ! Mais, d'autre part, sous la loi chrétienne : *Venez à moi*, etc., et de là l'amour,
l'union, la familiarité : quelle obéissance d'enfant, quelle fidélité pleine de douces joies, de
charmes incomparables !

La communion fut générale, et tandis que

chacun savourait en silence les douceurs de
l'union avec Jésus-Christ, un télégramme de
Rome nous arrivait. Pie IX, prévenu de ce
baptême et de notre fête, se montrait au
moment le plus solennel pour la bénir et la
couronner. La dépêche était ainsi conçue :
« Sa Sainteté envoie la bénédiction demandée
au néophyte et à l'assemblée. » Rome visitant
Paray, quel spectacle touchant ! Rome qui,
avec ses souffrances et son pape prisonnier,
apparaît couverte d'un voile de deuil et de
tristesse, nous envoyait son sourire de mère
et au milieu de ses malheurs voulait se réjouir
avec nous !

Au sortir du sanctuaire, le nouveau chrétien
écrivit sur le registre de la sacristie du monas-
tère les lignes suivantes :

« Marie-André-Joseph a été heureux d'être
« baptisé et de faire sa première communion
« dans la chapelle du Sacré-Cœur à Paray-le-

« Monial, le 17 octobre 1875, fête de la Bien-
« heureuse. Qu'elle veuille bien me protéger
« toute ma vie et m'aider à convertir mes
« frères. »

Durant le reste de la journée, les manifestations de la joie ont été très vives et très
touchantes. Chacun voulait voir le nouvel élu,
chacun voulait se recommander à ses prières
et s'assurer son souvenir. Plusieurs objets
de dévotion lui furent offerts, mais aucun
n'a égalé celui des saintes religieuses de
la Visitation, c'est-à-dire un tableau entiè-
rement fait avec des fleurs et des feuilles de
leur jardin béni. Le travail est si délicat, si
bien achevé, en un mot si artistement fait
qu'on croirait voir une fine peinture. Il rap-
pellera parfaitement au jeune converti ce plus
beau jour de sa vie. Le baptême y est repré-
senté par une blanche colombe se baignant
dans une coupe d'eau claire, eau qui jaillit du

Sacré Cœur. A côté, on aperçoit le ciboire et le Pain de vie avec ces paroles au-dessous : « Lève-toi, mange ce pain, car tu as un long chemin à faire. » Voilà pour la première communion. Mais près de ces joies si pures, en face de ces délices, la croix s'élève haute et majestueuse, comme pour avertir le nouveau fidèle qu'à elle seule il doit toutes ces douceurs et ces miséricordes ; elle veut se montrer à ses yeux, afin que le jour où elle se placera sur son chemin, il la reconnaisse et l'accueille comme le signe de son salut : *Nos autem gloriari oportet in cruce.* Un des traits de pinceau qui caractérisent la délicieuse toile que nous décrivons, c'est une barque légère voguant sur une petite mer, image de l'Océan du monde. Sur les voiles sont tracés ces mots : « *O Marguerite, protégez mon avenir !* » N'est-ce pas elle, en effet, qui protégera le frêle esquif de son enfant, l'empêchera de se briser contre les écueils et le pilotera jusque dans le Cœur de Jésus, autre Océan où l'on n'aperçoit plus que des flots d'amour et de bonheur éternel !

Derrière cette gracieuse allégorie sont gravés ces vers :

« Il tressaille d'amour, et d'amour il s'incline,
Le Cœur du Rédempteur et du Dieu d'Israël !
De ses divins rayons la terre s'illumine...
    Oh ! c'est un prélude du Ciel !

Père que le chrétien nomma toujours son Père,
Tes bras s'ouvrent aussi pour l'enfant d'Israël !
Jésus de Nazareth a reconnu son frère
    Dans ce nouveau Nathanaël.

« Viens à moi, disait-il, car je suis le Messie,
« Jeune Hébreux, craindrais-tu le Sauveur d'Israël ?
« Viens partager l'amour de ma mère Marie,
    « Et les délices de l'Autel. »

Et du sein de la Croix a jailli l'onde pure,
Qu'annonçait le Prophète aux Élus d'Israël...
Et tu sors de ces flots, nouvelle créature,
    Sans tache aux yeux de l'Éternel !!!

Ah ! des deux Testaments consacrez l'alliance,
Immolez notre Hostie, ô prêtres d'Israël !
Que jusqu'au saint autel le baptisé s'avance,
          Qu'il s'unisse à l'Emmanuel !

Témoin de cette joie, heureuse Marguerite,
A nos cœurs trop émus prête d'autres accents !...
Mais non, parle toi seule à ton israélite,
          Et bénis ses désirs fervents !... »

Doux chant qui va au cœur. Comme aux sons harmonieux de cette lyre, on reconnaît que le Sacré Cœur la fait vibrer lui-même !

On avait coutume autrefois dans la primitive Église de donner, après le baptême et la communion, *du lait et du miel,* pour faire entendre que par les sacrements auxquels les chrétiens sont initiés, ils sont entrés en possession de la vraie terre promise... Eh bien ! rien n'était oublié pour cette heureuse fête. Les saintes et charitables filles du Sacré-Cœur avaient pourvu à tout, ne voulant pas que le lait et le miel manquassent à cette fête orientale. Les personnes invitées au baptême par MM. les abbés Lémann se sont rendues à midi dans un des parloirs de la Visitation. Là une agape fraternelle les attendait. Que de choses délicates ont été dites par les maîtres de la vie spirituelle sur le repas chrétien, le repas de l'amitié, continuation de la table eucharistique. Qu'on se représente le nôtre : la table ornée de marguerites, le néophyte habillé de blanc, le service fait par les anges de la Visitation, le lait et le miel parfaits, la joie, l'intimité, la santé portée au Pape à la fin ; tout cela inspira à l'un de nos plus aimables convives, pour lequel cette fête a été la dernière fête de la terre, cette jolie conclusion :

> En tout si bel et bien servis,
> Nous nous crûmes en Paradis (1).

(1) Hélas ! ce petit cercle si pieux de Paray est déjà décomposé ! On peut maintenant nommer M. Prosper Dugas, ce noble et fervent chrétien, qui laisse ici-bas

L'histoire de Joseph avait été commentée d'une façon heureuse, au moment du premier festin, celui de l'Eucharistie : Jésus retrouvé sous le froment, comme Joseph l'avait été au milieu des épis. Pour le second festin, l'histoire de Joseph aurait pu encore fournir un rapprochement délicat, toujours à l'avantage de la loi d'amour.

Il est dit en effet dans la sainte Écriture que lorsque Joseph eut reconnu ses frères, « *il fit* « *servir à manger*, » mais il prit ce repas à part ainsi que ses frères, et les Égyptiens qui étaient là mangèrent aussi à part, « *parce que*, ajoute « la sainte Écriture, *il n'était pas permis aux* « *Égyptiens de manger avec les Hébreux.* »

tant d'amis et tant de regrets. Ceux qui ont assisté au baptême du Sacré Cœur se rappelleront toujours ce qu'il apporta de gaîté, de jeunesse et d'édification à cette fête, dont le premier « il est allé donner les détails au ciel. » C'est là qu'il se réjouit maintenant d'être *si bel et bien servi.*

Ainsi agissait-on sous la loi ancienne. Eh bien ! sous la loi d'amour, il n'en est pas de même ; tous peuvent s'asseoir autour de la même table, les rangs se confondent comme les cœurs. Image du festin éternel où parmi les conviés il n'y aura pas de distinction.

Toute la journée revêtu de sa robe baptismale, le nouveau chrétien fut l'objet de la douce vénération d'un chacun. A vêpres, on le revit à sa place du matin, et ses larmes trahirent encore les vives impressions de son âme, quand l'abbé Joseph Lémann, montant une fois encore en chaire, lui adressa les paroles de David à son fils Salomon : « Sois « homme, développe-toi et deviens robuste. » — « Développe ta liberté dans la pureté, l'o- « béissance et l'épreuve..... O bienheureuse « Marguerite-Marie ! à cette idée de persécu- « tion mes entrailles s'émeuvent. Si jamais « cet enfant avait à souffrir, oh ! n'est-ce pas,

« vous veilleriez sur lui ! Je vous l'ai offert,
« je vous le confie ; ô Marguerite, soyez sa
« mère ! Que sous votre garde il fasse tou-
« jours honneur à cette chapelle, à son bap-
« tême dans le Sacré Cœur ! » . . . .

. . . .

Bientôt après le jour nous quittait : le soleil,
qui nous avait paru plus radieux qu'à l'ordinaire, avait disparu ; tout rentrait dans le
calme. Mais tandis que la foule s'écoulait
pieuse et recueillie, on entendait encore mur-
murer par bien des cœurs ces paroles pleines
d'émotion : « De toute ma vie, ce jour est
« celui qui m'a fait le plus d'impression. »
N'est-ce pas en deux mots le résumé des bons
sentiments et des heureuses dispositions de
toute l'assistance ?

A l'heure qu'il est, le jeune néophyte tra-
vaille avec ardeur dans une école aposto-
lique et repasse dans son âme les grâces

du Sacré Cœur. Ah! elles sont sans nombre, elles sont miraculeuses, Jésus l'a aimé entre tous!

Nous lisons dans l'Évangile, à propos de Notre Seigneur : « *Étant monté sur une mon-* « *tagne, il appela à lui ceux qu'il lui plut.* » Paray! n'est-ce pas cette montagne sainte, cette élévation, ce point de la terre plus rapproché du ciel? Jésus s'y montre avec tous les charmes de son Cœur divin et il y appelle *ceux qu'il veut.* Jeune israélite, vous avez été le premier attiré par la voix du Sacré Cœur! Combien son amour vous a favorisé! Ah! priez-le qu'il appelle un grand nombre de vos frères, et que tous répondent à son appel, afin que ces paroles de l'Évangile trouvent leur complète application, car le texte sacré ajoute : « *Et ils vinrent à lui.* »

CHAPITRE III

La prophétie de la conversion du peuple juif dans le Magnificat de Marie (¹)

C'était au jour des Rameaux ! Jésus-Christ descendait le mont des Oliviers et allait passer le torrent du Cédron. Devant lui la ville entière de Jérusalem, bâtie sur le penchant de la montagne opposée, ayant au nord la colline du Temple et au midi celle de Sion. Pendant que tous les échos répétaient l'hosanna de la foule et ses cantiques de bénédiction, voici que

(1) Discours prononcé par **M.** l'abbé Augustin LÉMANN, immédiatement après le baptême de Marie-André-Joseph.

Jésus-Christ, l'objet de ces manifestations joyeuses, au lieu de s'en montrer doucement ému, laissa tomber, à la vue de Jérusalem, cette parole d'ineffable mélancolie : *O Jérusalem! si tu savais connaître ce qui importe à ta paix, en ce jour qui est ton jour !*

En ce jour qui est ton jour! Dans la vie de chaque homme, comme dans la vie de chaque peuple, au milieu des jours dont la succession compose la trame de leur existence, il y a en effet un jour spécial qu'on appelle le jour critique. Le jour critique, c'est-à-dire celui qui doit décider du caractère de la vie, soit en bien, soit en mal ; où l'esprit engage une lutte suprême pour l'empire avec la chair ; jour de grâce où la vérité éternelle nous offre l'alliance de sa main ; moment choisi et décisif où le ciel et la terre font silence autour de nous, attendant notre oui ou notre non ; instant redoutable qui aura son retentissement à travers tous les siècles éternels. Toute âme, en ce monde, a son jour comme Jérusalem !

Hélas ! Jérusalem a méconnu son jour, le jour décisif de la visite du Seigneur. Mais vous, mon enfant, vrai fils d'Abraham, comme notre père, en entrevoyant ce jour, vous avez tressailli de bonheur.

Et maintenant ce jour entrevu, le jour du baptême, le voici venu avec ses lumières, ses joies, ses obligations !

En présence des anges, gardiens invisibles de ce sanctuaire ; au milieu du chant des psaumes, qui rappelaient l'Ancien Testament ; en face du crucifix, abrégé de la loi nouvelle ; sous les yeux de cette foule, témoin au nom de l'Église, vous avez dit : Je crois ! Je crois que Jésus-Christ est le Messie promis à nos pères ! Et aussitôt l'eau du baptême a coulé.

Et depuis qu'elle a coulé, vous, hier encore pauvre fils d'Agar ou de la Synagogue mourant de soif au désert, vous êtes devenu le fils de l'Église, c'est-à-dire de l'épouse libre, joyeuse et féconde. L'Église est votre mère, tous les chrétiens vos frères, Jésus-Christ votre Dieu !

Vous êtes à Jésus-Christ ! Mieux que cela ; vous lui ressemblez par la transfiguration de votre âme. En vous pas même l'ombre d'un péché : faute originelle, fautes actuelles, tout a disparu. Plus rien qu'une âme transfigurée et un vêtement d'innocence blanc comme la neige. Ah ! conservez-la bien, dans sa blancheur immaculée, cette robe d'innocence, mon cher enfant. Et puisque c'est auprès des reliques de Marguerite-Marie, la vierge très pure ; puisque c'est au jour virginal de sa fête que l'Église vous revêt de cette robe d'innocence, laissez-moi vous découvrir ce qu'étaient les sentiments de Marguerite-Marie, votre sœur maintenant comme la nôtre, à l'endroit de la

blancheur de l'âme. « *Aussitôt que je me sus*
« *connaître*, a-t-elle écrit, *Jésus-Christ fit voir*
« *à mon âme la laideur du péché ; ce qui m'en*
« *imprima tant d'horreur, que la moindre tache*
« *m'était un tourment insupportable.* » Qu'à
l'exemple de cette jeune sainte, ô mon enfant !
la moindre tache vous soit aussi un tourment,
un tourment insupportable.

Puissiez-vous, à l'heure de la mort, tenant
de vos deux mains cette robe baptismale, dire
à Jésus-Christ en la lui présentant : Mon Dieu,
elle est blanche, blanche comme elle me fut
donnée. Je ne l'ai jamais ternie !

Encore une parole de Marguerite-Marie :
C'est ici, s'écria-t-elle, en mettant pour la
première fois le pied dans ce sanctuaire, alors
modeste chapelle, *c'est ici le lieu de mon*
bonheur, le cher Paray ! Que dans le cantique
de vos souvenirs et de vos actions de grâces le
cher Paray, devenu pour vous aussi le lieu du

bonheur, que le cher Paray ait désormais la première place ! Sacrez-en les pierres avec l'huile de l'amour, comme Jacob notre père sacra à Bethel le lieu de sa vision : *Si jamais je t'oublie, cher Paray, lieu de mon baptême et de mon bonheur, que ma main droite se sèche !*

Mais ce bonheur, mon ami, il ne faut pas l'enfouir avec égoïsme en vous-même. Dans l'Église, lorsqu'on reçoit c'est pour communiquer. André, premier disciple de Jésus-Christ, dès qu'il eut reçu le don de la foi, le communiqua à Pierre. Pareillement Philippe à Nathanaël. Il faut donc que nos pauvres frères, encore incrédules, que les pauvres juifs bénéficient, eux aussi, de votre bonheur.

Ah ! tout à l'heure, en commençant, je rappelais avec tristesse que Jérusalem avait méconnu son jour, lui préférant les ténèbres. Mais ce qui doit nous consoler et enflammer notre zèle, c'est que ce jour méconnu, par une exception qui ne sera faite qu'à Jérusalem seule, ce jour méconnu, il doit reparaître. Il doit reparaître ! Dieu l'a positivement annoncé par nos Prophètes, et, au-dessus de tous nos Prophètes, par le *Magnificat* de cette femme, l'honneur de notre race, Marie !

Dans le *Magnificat*, ce cantique d'allégresse et d'actions de grâces, qui doit en ce moment trouver place sur nos lèvres à tous, dans le *Magnificat* il y a en effet une triple prophétie...

La première se rapporte à la Vierge elle-même, c'est la proclamation de sa future grandeur : « *Beatam me dicent omnes generationes. Toutes les générations me proclameront bienheureuse.* » Et ce premier oracle s'est accompli ! Partout où le Christ est adoré, sa mère est proclamée bienheureuse. Et comme l'a dit magnifiquement un Père de l'Église : « *Autant d'hommes, autant de témoins de sa grandeur : ce qu'elle seule a prédit, tous l'accomplissent.* »

Et le *Magnificat* renferme une seconde prophétie : la vocation des Gentils succédant à la réprobation des Juifs : « *Deposuit potentes de sede et exaltavit humiles ; esurientes implevit bonis et divites dimisit inanes. Il déposera* (je traduis d'après toute l'énergie du texte hébreu qui emploie le futur) *il déposera les puissants de leur trône et il exaltera les humbles ; il remplira de biens ceux qui en manquent, et quant aux riches il les renverra vides.* » Et ce deuxième oracle s'est pareillement accompli ! car quels sont ces puissants renversés de leurs trônes et ces riches renvoyés les mains vides ? Les puissants, c'est l'empire de Satan, dominateur depuis quatre mille ans et dont saint Jean a décrit l'abaissement dans son Apocalypse ; et quant aux riches renvoyés les mains vides, ce sont les Juifs que Dieu avait comblés de ses biens, mais qu'il a dû dépouiller à cause de leur orgueil. Et sur cette double ruine, ruine de la puissance et ruine de la richesse, l'Église s'est élevée, l'Église composée des humiliés et des affamés, c'est-à-dire de tous les peuples gentils. La Vierge les voit venir ; elle les salue, elle les acclame, et lorsque plus tard au préfet de Rome le diacre Laurent présentera les pauvres, les estropiés, les misérables, lorsqu'il les présentera comme les pierres fondamentales, que dis-je ! comme les pierres précieuses et les vases sacrés de l'Église, dans son extase prophétique la Vierge les aura déjà chantés !

Et il y a une troisième prophétie, et c'est à celle-ci que j'ai hâte d'arriver : « *Suscepit Israel puerum suum. Il reprendra Israël son enfant.* » O chères paroles que je n'ai jamais prononcées sans qu'un frisson de joie courût dans mes os. Oui, un jour le Seigneur se souviendra de notre peuple et lui rendra sa part à l'héritage. Il se souviendra, « *car une mère peut-elle oublier son enfant, et si une mère pouvait oublier son enfant, moi je ne vous oublierai point, dit le Seigneur.* » Il se souviendra donc, et ce sera le retour de Dieu vers Israël et le retour d'Israël vers son Dieu. C'est la Vierge qui l'annonce, et dans le transport de sa joie nationale, son âme magnifie le Seigneur, *Magnificat anima mea Dominum !* Mais elle fait plus que d'annoncer, elle va jusqu'à faire connaître les motifs de cette conversion. Dieu, s'écrie-t-elle, Dieu reprendra Israël son enfant, et elle ajoute : « *Parce qu'il se sou-* « *viendra de sa miséricorde et qu'il l'a promis* « *à nos pères, à Abraham et à sa postérité pour* « *toujours.* » La miséricorde et la promesse, voici donc les deux motifs qui ramèneront Dieu vers son peuple. La miséricorde, ah ! oui, elle s'inclinera vers nous parce qu'il y a

chez nous une grande misère et que l'abîme
de la misère invoque l'abîme de la miséricorde, *abyssus abyssum invocat*. Et la promesse ! Parce que Dieu n'a point cessé d'être
fidèle à l'alliance ; ce qu'il a promis à Abraham,
il le tiendra, et s'il nous garde miraculeusement sous le châtiment, c'est en vue de l'heure
prochaine de la miséricorde. Oui, regardez-
nous bien, mes frères ! Si après dix-neuf
siècles passés dans la fournaise de l'épreuve,
Israël existe encore, pareil au buisson de
l'Horeb, toujours brûlant, jamais consumé ; si
jetés aux quatre vents du ciel, agités parmi
les nations comme le blé est agité dans le
crible, nous sommes demeurés inflexibles
dans notre vie à part, alors que l'intérêt le
plus puissant nous engageait à perdre cette
existence distincte ; si, avec une tenacité dont
vous chercheriez en vain un autre exemple
dans l'histoire, nous avons gardé non seule-

ment la même Bible et les mêmes rites, mais jusqu'au même langage et à la même physionomie ; si enfin nous persistons à vivre alors que tous les autres peuples, nos vainqueurs, les Égyptiens, les Assyriens, les Perses, les Romains, se sont couchés dans la tombe : ah ! c'est que Dieu est là, Dieu qui nous maintient dans la vie à cause de la promesse. Fidèle et vrai lorsqu'il a fallu châtier, le Dieu d'Abraham le veut être davantage lorsqu'il s'agira de bénir ! Et voilà ce qu'a prophétisé la Vierge, et ainsi la première du Nouveau Testament elle a parlé du retour. Saint Paul viendra plus tard avec sa grande théologie. Dans un essor d'aigle il montera jusque dans les profondeurs des conseils de Dieu ; il en rapportera cette splendide prophétie : « *Que*

« *les Juifs ne sont pas tombés pour toujours...*

« *et que si leur chute est devenue la réconcilia-*

« *tion du monde, que sera leur conversion sinon*

« *pour le monde un retour de la mort à la vie ?* »
Mais si haut que puisse monter l'Apôtre, si
patriotique que soit sa parole, elle ne sera
jamais qu'un écho, car il ne fera que suivre la
route tracée par la Vierge, que commenter le
transport national de son *Magnificat !* Et c'est
pourquoi j'en ai l'intime confiance, un jour,
dans l'avenir, l'hymne national du peuple hébreu converti ne saurait être que ce *Magnificat.*
Magnificat ! Ah ! faites silence ! J'entends au
loin et tout proche, du sein de ces murailles,
du fond des siècles et des générations, j'entends des voix qui n'en font qu'une, la voix
des enfants, des vierges, des jeunes hommes,
des vieillards, des artistes, des poètes, des
philosophes, la voix des princes et des nations,
la voix du temps et de l'espace..... *Magnificat !*
elles redisent le cantique de la Vierge, passé
de ses lèvres aux lèvres de la postérité et
devenu le chant des allégresses et de tous les

triomphes. Mais voici qu'une voix nouvelle s'est adjointe, je l'entends ! « *Suscepit Israel puerum suum ; il a repris Israël son enfant.* » La reconnaissez-vous ? C'est la voix de la fille de Sion. Elle a détaché sa harpe silencieuse depuis la dispersion. Et maintenant elle chante et elle chantera, pour ne plus cesser, le chant du retour, et ce chant du retour, l'hymne de sa reconnaissance, ce n'est ni le cantique de Débora, ni le cantique de Judith, ni le cantique de la sœur de Moïse ; l'hymne national du retour, c'est le *Magnificat !*

Eh bien ! ce retour du peuple juif si authentiquement annoncé dans le *Magnificat*, il importe, ô mon enfant ! et nous tous, mes frères, il importe que nous le hâtions de nos désirs, de nos larmes, de nos supplications. Que ce ne soient plus seulement des individus ou même des familles, mais le peuple juif tout entier, avec ses douze tribus, qui s'ébranle pour rentrer dans l'Église. Demandons-le avec instance durant le sacrifice qui va s'offrir. Et vous, Seigneur, vous qui avez étendu, déployé vos deux bras sur la croix, afin de découvrir à tous les avenues du Sacré Cœur, ô Jésus-Christ! multipliez dans l'Église les gémissements de ceux qui aiment Jérusalem. Faites-nous connaître par le redoublement de leur foi et de leur confiance en vos promesses que le temps où elles doivent être accomplies n'est pas éloigné. Levez-vous, Seigneur, levez-vous dans votre miséricorde, car le temps d'avoir pitié de Sion est venu, *quia tempus miserendi ejus, quia venit tempus*. Et si ses pierres nous sont chères, quoique éparses et encore calcinées par le feu de la justice, *placuerunt servis tuis lapides ejus ;* que sera-ce donc lorsque vous les aurez purifiées par le feu transformant de l'amour? C'est l'amour méconnu qui a été contraint de disperser les pierres de

Jérusalem ; mais un jour, bientôt peut-être, l'amour reconnu les rassemblera. « *Jérusalem, Jérusalem, j'aspire à rassembler tes enfants, comme la poule, au jour de ses tendresses, rassemble ses petits sous son aile ;* » et cette fois, ô Jérusalem ! cette fois tu l'auras voulu !

CHAPITRE IV

L'amour en retard ou le plus vif amour (¹)

Mon cher enfant,

Vous ayant engendré en Jésus-Christ par le baptême, il y a désormais entre votre âme et la mienne un lien indissoluble. Gravez donc au plus profond de cette âme le conseil que votre père va vous donner au moment du si doux passage de votre baptême à votre première communion.

(1) Discours prononcé par M. l'abbé Joseph Lémann, au moment de la première communion de Marie-André-Joseph.

Nous peuple juif, mon cher enfant, nous sommes une religion en retard ; non pas une religion fausse, mais seulement en retard. En retard d'abord au point de vue de la foi. Après avoir été le tronc ou la tige, la nation juive n'a pas encore reconnu l'épanouissement ou la fleur qui est le christianisme. Mais en retard surtout, mon cher enfant, au point de vue de l'amour : nous n'avons pas encore aimé Celui qui depuis dix-neuf siècles tient ses bras étendus pour nous pardonner et nous accueillir.

C'est un besoin de la nature humaine, lorsqu'on s'aperçoit que l'on est en retard, de se presser et de se hâter pour regagner ce que l'on a perdu. Eh bien ! je viens vous proposer, mon enfant, de regagner l'amour que vous n'avez pas encore donné à Jésus-Christ.

Ah ! l'amour est la seule chose qui puisse se regagner. Le temps perdu ne se regagne pas, ni l'innocence, ni l'honneur. L'intelligence également ne regagne que très difficilement ce qu'elle a négligé d'apprendre. L'amour seul se regagne : par sa vivacité. C'est le privilége du cœur de recouvrer ses arriérés par des battements plus forts !

Votre amour, pour qu'il puisse regagner ce qu'il n'a pas encore donné à Jésus-Christ, devra se porter avec vivacité sur un double objet : l'*Eucharistie* et le *Sacré Cœur*.

1. Et d'abord un amour vif pour l'Eucharistie. Tous les vrais catholiques ont une passion pour l'Eucharistie, la *faim* de l'Eucharistie, parce que Jésus-Christ y est réellement présent sous les voiles ou apparences du pain et du vin. Oh ! quelle ne doit pas être alors la faim, la passion d'un israélite devenu catholique ! Le catholique de naissance possède Jésus-Christ dans l'Eucharistie ; l'israélite l'y retrouve. Pour le catholique de naissance, l'Eucharistie est une scène ininterrompue de

tendresse, d'amour, d'intimité; une scène, dis-je, ininterrompue, qui a toujours été présente à son regard et a toujours sollicité son cœur. Petit enfant, dès qu'il a eu l'âge de raison, il a su que Jésus-Christ était là, et qu'il l'attendait pour se donner à lui dans une communion qui pouvait être de tous les jours. Pour le catholique de naissance, l'Eucharistie est donc bien, ainsi que je disais, une scène ininterrompue de tendresse. Pour l'israélite qui devient catholique, cette scène de tendresse a un nom particulier : c'est la scène où l'on se retrouve après s'être perdu pour longtemps, depuis des siècles; c'est vraiment *Joseph retrouvé par ses frères.*

Vous n'avez peut-être jamais compris dans toute son étendue cette belle figure de nos vieux livres, mon cher enfant. Votre première communion va vous en donner l'intelligence et surtout la jouissance.

Dans l'histoire de Joseph il y a eu, vous le savez, deux épisodes plus solennels et plus émouvants que tous les autres; ces deux épisodes : l'un, Joseph vendu par ses frères; l'autre, Joseph reconnu par ses frères, alors qu'il dispose en maître de tout le froment rassemblé par ses soins dans les greniers de l'Égypte.

Eh bien! de même qu'il y a eu une ressemblance étroite entre Joseph vendu par ses frères et Jésus-Christ vendu par nous peuple juif, pour trente pièces d'argent; de même il doit y avoir une autre ressemblance non moins étroite entre Joseph retrouvé par ses frères et Jésus-Christ retrouvé par nous qui l'avions vendu.

Or cette ressemblance étant admise, remarquez bien ceci, je vous prie :

C'est à propos du froment dont il dispose en maître, que Joseph est reconnu et retrouvé.

C'est le froment qui est cause que ses frères viennent en Égypte. C'est dans la distribution du froment qu'il se fait reconnaître, et ses frères l'adorent. En un mot, la scène si touchante de Joseph reconnu par ses frères se déroule tout entière autour de ces heureux épis, dont il est l'unique et universel dispensateur.

Eh bien! pour nous aussi peuple juif, le froment divin, l'Eucharistie, doit remplir un rôle considérable. J'ignore, nous ignorons tous de quelle manière Jésus-Christ s'y prendra pour se faire reconnaître un jour à ses frères. Les voiles eucharistiques s'écarteront-ils? Seront-ils l'objet d'un miracle? Cela se pourrait. Je ne suis pas embarrassé de savoir comment le Cœur de Jésus s'y prendra pour se faire reconnaître, et je respecte son secret. Mais ce que j'affirme, c'est que dès à présent, lorsqu'un juif se convertit, c'est surtout au moment de la première communion, dans la *scène du froment*, que le pauvre juif retrouve Jésus-Christ. O mon frère ! vous allez recevoir dans votre poitrine le pain de vie, Celui qui est l'éternel amour sous la forme du froment. Il va se présenter à vous, il va mettre autour de votre cou ses deux bras qui ont tant souffert ; son Cœur va presser votre cœur. Et puis, quand il sera là, dans votre poitrine, vous entendrez un cri, ce cri, ce sanglot que nous, juifs convertis, nous avons entendu, que vous entendrez à votre tour, et que vous n'oublierez plus, ce cri : *C'est moi qui suis Joseph*, Joseph votre frère, Joseph que vous aviez vendu et qui vous aime encore.

2. A côté de votre amour pour l'Eucharistie, j'ai ajouté, mon enfant : un amour vif pour le Sacré Cœur.

Vous êtes le premier israélite baptisé au Sacré Cœur. Je vous dois aujourd'hui la révé-

lation du motif qui nous a fait choisir ce sanctuaire pour berceau de votre baptême.

La dévotion au Sacré Cœur est la dévotion
des *derniers temps*. Saint Jean l'a expressément
révélé à sainte Gertrude ; et Notre Seigneur l'a
répété lui-même à la bienheureuse Marguerite-
Marie. La dévotion spéciale des derniers temps !

Comme toutes les choses d'ici-bas, cette
dévotion des derniers temps a été soumise à
la loi du progrès. D'abord initielle et cachée
comme un germe au fond des monastères,
elle a fleuri ensuite au grand jour parmi les
enfants de l'Église ; et enfin, s'épanouissant
dans un rayonnement immense, elle domine
aujourd'hui ou plutôt couronne toutes les
autres dévotions.

Dieu, « qui tient du plus haut des cieux les
rênes de tous les royaumes (¹), » a eu soin de
susciter des événements qui ont forcé tous les

(1) Bossuet.

peuples à venir ici officiellement se recommander au Sacré Cœur. Quelque chose d'extraordinaire, en rapport avec la majesté des derniers temps, se prépare pour les nations. Aussi les âmes saintes qui ont le tact de l'avenir et de ce qu'il faut faire, ont pris les devants, et, de tous les pays, elles sont venues recommander leurs patries au Sacré Cœur. La France a donc été recommandée, et aussi l'Italie, et aussi l'Amérique, et aussi l'Angleterre, hier l'Allemagne ; en un mot, toutes les patries ont eu ici leurs représentants et leurs intercesseurs. Nous avons regardé, il ne restait plus qu'un peuple qui n'eût pas encore été nommé : le peuple toujours en retard. Et c'est pourquoi, choisissant ce sanctuaire pour le baptême d'un israélite, nous venons à notre tour, les derniers, recommander aussi Jérusalem et notre peuple au Sacré Cœur !

Baptisé au Sacré Cœur, mon enfant, vous

aurez donc, comme nous, le souci de la nation juive : c'est la mission à laquelle je vous convie et vous associe. Vous parlerez tous les jours au Cœur de Jésus-Christ de notre nation, de *sa* nation! et de Jérusalem, et vous irez aussi parler à notre nation et à Jérusalem du Sacré Cœur. Ah! écoutez ce qu'il faut que nous fassions.

Lorsque Joseph, raconte encore la sainte Écriture, eut été reconnu par ses frères, il leur dit : « Hâtez-vous d'aller trouver mon « père et de l'amener. » Ils firent donc ce qu'il leur ordonnait, et ils vinrent porter à Jacob cette grande nouvelle : *Votre fils Joseph est vivant.* Le vieillard se réveilla comme d'un profond sommeil, et cependant il ne voulait pas croire que son fils Joseph fût vivant.

Eh bien! nous aussi, messagers d'une bonne nouvelle, nous devons aller trouver notre vieux peuple, le vieux peuple de Jacob, et lui annoncer : *Jésus-Christ est vivant*, votre fils Jésus vit toujours. Et si le vieux peuple ne veut pas croire en nos paroles, s'il demande des preuves de cette vie, nous devons lui répondre : le Sacré Cœur !... Le cœur est le témoin de la vie. Partout où le cœur se meut et se développe, c'est la preuve qu'il y a là un être parfaitement vivant. Jésus-Christ est donc bien vivant, il est le *Vivant*, puisque son Cœur remplit le monde et l'agite comme il n'a jamais été agité !

O délicieuse petite chapelle de Paray ! puisses-tu un jour jouir du spectacle de Joseph voyant arriver son vieux père Jacob : c'est-à-dire de Jésus voyant revenir dans ses bras les restes du peuple qui lui donna le jour !

Et maintenant, ô bienheureuse Marguerite-Marie ! à vous, en terminant, nos plus douces félicitations.

Durant votre vie sur la terre, ô sainte

enfant! parmi les soupirs de feu qui sortirent
de votre poitrine, vous désirâtes surtout que
tous les peuples de la terre vinssent ici reconnaître et adorer le Sacré Cœur. Eh bien ! votre
souhait est accompli, tous sont venus, et vous
devez être bienheureuse aujourd'hui en apercevant ici les représentants du premier et du
dernier peuple, de celui qui fut au commencement et qui doit être à la fin. O Marguerite !
vous avez dit une parole que nous, enfants
d'Israël, nous n'oublierons pas. Dans l'embra-
sement de votre amour, vous avez dit une fois
cette parole au Sacré Cœur : « O très sainte
« et très aimable blessure du Cœur de Jésus-
« Christ ! un jour en vous je suis entrée, je
« pénétrai jusqu'au plus intime de l'amour.
« Là, *enveloppée de toutes parts, je ne sus plus*
« *revenir sur mes pas.* » Eh bien ! nous, infor-
tuné peuple juif qui avons tant marché, nous
le Juif Errant, un jour nous devons entrer

également dans le Sacré Cœur. Enveloppé de toutes parts, *nous ne saurons plus revenir sur nos pas.* Ce sera alors la fin de notre course et notre repos à jamais dans le cœur de l'éternelle miséricorde et de la félicité !

CHAPITRE V

Les hommes libres et les esclaves (¹)

Lorsque David fut sur le déclin de l'âge, il fit venir Salomon son fils, le sacra roi et lui dit : « Sois homme, développe-toi et deviens robuste, *confortare et esto robustus.* »

C'est la même exhortation que je viens vous adresser, mon cher enfant, à présent que vous êtes catholique : « Sois homme, développe-toi et deviens robuste, *confortare et esto robustus.* »

Et à vous, mes frères, je vous adresse la même parole : Soyez des hommes.

(1) Discours prononcé par M. l'abbé Joseph Lémann, à la cérémonie du soir.

Nous sommes à une heure de l'histoire du monde où le genre humain se partage en deux camps bien distincts : les hommes libres et les esclaves. Vous, mon cher enfant, hier encore esclave de la Synagogue, emprisonné dans la lettre, mais aujourd'hui affranchi dans l'Église et libre selon l'esprit, vous apprendrez par là comment vous devez conserver votre liberté. Et vous, mes frères, qui êtes accusés d'être des esclaves, parce que vous venez en pèlerinage, en pèlerinage au Sacré Cœur, esclaves de l'ignorance et de la superstition, vous apprendrez que vous êtes vraiment les hommes libres.

O bienheureuse Marguerite-Marie ! vous, qui n'avez jamais eu d'autre esclavage que celui du Sacré Cœur et d'autres chaînes que celles du saint Amour, obtenez-moi, par l'intermédiaire de Celle qui fut votre modèle, le secours nécessaire pour cette dernière, mais bien-aimée fatigue. *Ave Maria.*

I

On fait erreur sur la liberté, mes frères, quand on cherche au dehors son point de départ. Il est au dedans. Tout part de l'âme, elle est la reine de sa liberté, comme elle est la reine de son bonheur. Les choses du dehors contribuent sans doute à développer notre liberté ; les bonnes lois, par exemple, nous aident à être libres, exactement comme les biens et les richesses nous aident à être heureux. Mais la racine de la liberté, c'est l'âme qui la porte. C'est par le dedans que l'homme commence à être libre. Il faut en dire autant de la servitude : c'est par le dedans que l'homme commence à être esclave.

Ce principe étant posé, quels sont les hommes libres et quels sont les esclaves ?

Les hommes libres ce sont d'abord ceux qui

se conservent vertueux et purs ; les esclaves sont les hommes corrompus.

Les hommes vertueux et purs sont libres, parce que sous la garde de la pureté aucune de leurs facultés n'est entravée dans son exercice. La pureté, en effet, est la vertu gardienne et protectrice par excellence de nos facultés.

Elle protége notre faculté de penser : lorsque notre conscience est pure, notre pensée aussi est plus libre ; nous réfléchissons mieux, nos découvertes intellectuelles sont plus faciles.

Rappelez-vous, mes frères, les jours où vos conceptions ont été plus heureuses, où votre travail vous souriait, où les difficultés vous paraissaient un jeu : ce sont les jours où vos pensées se déroulaient sous le sceptre de la pureté.

Elle protége également notre faculté de vouloir : quand on est pur, on n'a pas de peine à vouloir. La volonté ne connaît pas toutes ces hésitations, ces fluctuations habituelles aux tempéraments énervés; l'esprit voit clair et la décision suit.

Elle protége enfin notre faculté de nous dévouer. Le cœur a besoin de se dévouer comme l'esprit a besoin de voir clair. Eh bien ! quand nous sommes purs, il y a, c'est incontestable, plus de spontanéité dans les élans de notre cœur, plus de générosité dans le don de nos personnes. J'en appelle à vous, mes bien chères sœurs, généreuses filles de saint François de Sales ; innocentes, vous ne trouvez nulle peine à vous dévouer, nulle peine à aimer les pauvres, nulle peine à monter au sacrifice ; vous êtes comme portées par les ailes de la pureté au devant de toutes les tendresses. On a dit, et c'est vrai, que nul cœur n'est aimant comme un cœur virginal ; un cœur vierge est tout pétri d'amour.

Et ainsi la pureté garantissant et protégeant toutes nos facultés, nos belles facultés pouvant accomplir leur jeu, leur exercice sans peine, avec souplesse, avec candeur, on peut donc conclure que les hommes purs sont les hommes libres.

Les hommes corrompus, au contraire, sont les esclaves. Il n'est que trop vrai que quand la pureté se perd, la liberté aussi est immédiatement compromise. Un remords au cœur, et aussitôt toutes les puissances de notre être semblent entravées : l'esprit se trouble, la volonté se traîne, le dévouement se ralentit. C'est le premier pas dans la voie de la servitude.

Mais la voici qui s'aggrave. Nous, ministres de Dieu, nous rencontrons souvent de ces pauvres êtres qui, devant nos conseils de pureté, nous répondent avec une sorte de désespoir et en étouffant des sanglots : O mon Père !

c'est trop fort, je ne puis plus. Ils n'ont plus de volonté, le vice les a faits esclaves ! Pauvres esclaves ! ils reconnaissent du moins qu'ils sont esclaves.

Mais ce qui est triste, mes frères, ce qui est navrant, c'est d'entendre dire à des esclaves qu'ils sont libres ; c'est le spectacle épouvantable de notre époque. Croyez-vous donc, par exemple, à la liberté de ces hommes qui parlent avec une sorte de frénésie d'indépendance et de droits de l'homme, alors qu'ils sont les esclaves, non plus seulement secrets, mais publics, les esclaves publics de maudites passions qui les gouvernent, qui les hébètent, qui les avilissent, qui les épuisent. Non, je ne pense pas que les siècles précédents aient présenté un contraste plus frappant et plus épouvantable que celui-ci : le cri de Vive la liberté, partant du fond le plus bas de la corruption et par conséquent du fond le plus bas de la servitude.

O mes frères! pour sauver notre pays, il nous faut revenir et faire revenir les peuples aux idées pures et aux mœurs pures de la France à son baptême. Lorsqu'au moyen-âge les sculpteurs de la cathédrale de Chartres en peuplèrent les porches d'une multitude de statues, ils représentèrent une jeune fille d'une pureté parfaite, les yeux levés au ciel, les pieds détachés de la terre; et au-dessous ils écrivirent le nom qu'ils lui donnaient : *Libertas,* la Liberté.

Nos pères avaient raison, la pureté c'est la liberté. Eh bien ! mes frères, puisque vous, catholiques, vous formez cette phalange qui veut conserver la race des hommes libres dans cette cité de Paray et dans ces belles campagnes charollaises, veillez à ce que la pureté soit la gardienne de vos personnes et de vos demeures. Des lis dans vos mains, pères et mères de famille, comme ce lis que vous apercevez entre les mains de la Bienheureuse ; des lis dans vos mains et des lis dans les mains de vos fils et de vos filles, c'est-à-dire à vos foyers pas de lectures frivoles, pas de livres incertains. Des lis sous vos yeux et sous leurs yeux, c'est-à-dire à vos foyers pas de spectacles équivoques, pas de mœurs dangereuses. Des lis ! en même temps qu'ils sont le symbole de la pureté, les lis sont au même degré le symbole de la liberté.

O Marguerite ! vous la fleur si blanche, obtenez-nous des lis. O Marguerite ! vous la fleur du Cœur, obtenez-nous l'autre fleur qui représente la pureté et aussi la liberté.

II

Je renouvelle ma question : quels sont les hommes libres et quels sont les esclaves ?

Les hommes libres, ce sont en second lieu les hommes qui traversent les difficultés de la vie avec le secours de la foi, de l'espérance et de l'amour.

Pour tout homme venant en ce monde, se présentent à son entrée trois sortes de difficultés. S'il les surmonte, il se sent libre ; s'il y succombe, il devient esclave. Ces trois difficultés sont : la première, le travail ; le travail est difficile, on n'aime pas à travailler ; la seconde, l'obéissance ; l'obéissance est difficile, on n'aime pas à obéir ; la troisième, les épreuves ; les épreuves sont difficiles, on n'aime pas à souffrir.

Eh bien ! avec le secours de la foi, de l'espérance et de l'amour, l'homme triomphe de ces difficultés, et alors il se sent vraiment libre.

Dites, mes frères, n'est-il pas vrai que les jours où vous avez bien travaillé, travaillé avec foi et amour, travaillé pour soutenir votre famille, travaillé pour occuper votre esprit, vos sens, votre imagination, n'est-il pas vrai que vous vous êtes senti heureux, indépendant de mille petits liens qui avaient pu vous enchaîner la veille, et que le travail de la journée vous faisait briser facilement ? Vous vous sentiez homme, plein de vie, maître de vous ; après ce travail votre corps était peut-être fatigué, mais votre esprit, ah ! comme il était libre !

Dites-moi encore, mes frères, et vous surtout, mes très chères sœurs, par rapport à l'obéissance, n'est-il pas vrai qu'obéir à une sainte règle, qu'obéir à des supérieurs, ne détruit pas la liberté, mais la consacre ? Et cela, parce que l'obéissance volontaire se posant dans la foi et dans l'amour est le plus bel effort de la liberté. Les ailes de l'oiseau, comme pensait notre Bienheureuse, devraient ce semble, par cela même qu'elles sont matérielles et pesantes, aggraver son vol et l'entraver. Eh bien ! non, elles sont précisément l'instrument de son essor. Ainsi en est-il de l'obéissance et de la règle : elles sembleraient vouloir enchaîner notre liberté ; eh bien ! non, elles fournissent à notre liberté son essor vers l'idéal, vers la lumière, vers le bonheur.

Dites-moi enfin, mes frères, n'est-il pas vrai que les épreuves, lorsqu'elles vous ont trouvés armés de la foi, de l'espérance et de l'amour, les épreuves, bien loin de faire fléchir votre liberté, l'ont dégagée et purifiée ? Vous le savez, nous avons un but à atteindre qui est le Ciel ; la terre n'est que le chemin, mais chemin où il y a encore bien des charmes. Voilà pourquoi les épreuves nous sont souvent nécessaires ; nécessaires pour nous arracher aux charmes de la route et nous faire reprendre notre liberté. Sous leurs avertissements salutaires, captifs à tout instant des créatures, nous nous dégageons des créatures ; nous reprenons notre liberté, notre élan, notre courage ; nous disons aux créatures : Adieu, je reste votre ami, mais pas votre esclave ; adieu, je m'en vais à mon Père, au but qui est l'éternelle beauté et l'éternel amour.

Oh ! qu'elle est belle, n'est-ce pas, mes frères, la liberté dans ces diverses situations où elle est en lutte ! Militante, active, elle est vraiment la liberté. Et ainsi, à travers les difficultés de la vie, les hommes de foi, d'espérance et d'amour sont vraiment les hommes libres.

Et qui donc sont les esclaves ? Ce sont ceux qui, en présence des difficultés de la vie, n'ont plus la foi, ni l'espérance, ni l'amour.

Le travail alors devient un fardeau.

L'obéissance alors devient une chaîne.

Les épreuves alors deviennent un pain amer :

Toutes choses qui constituent, si vous y

prenez garde, la condition de l'esclave. Le travail devenu un fardeau, l'obéissance devenue une chaîne, les épreuves devenues un pain d'amertume, oui, tout cela c'est bien la condition de l'esclave. Hélas ! n'est-ce pas la condition de beaucoup d'hommes à notre époque ? On a enlevé aux âmes la foi, l'espérance et l'amour. Aussi on ne rencontre partout, dans tous les rangs de la société, que des hommes qui ne savent plus travailler, pour eux le travail est devenu un fardeau ; que des hommes qui ne savent plus obéir, pour eux l'obéissance est devenue une chaîne ; que des hommes qui ne savent plus souffrir, pour eux les épreuves sont une calamité et une épouvante. Non, les peuples ne savent plus souffrir, ils ne veulent plus que jouir ; aussi la société me paraît-elle ressembler à une illustre moribonde, grande dame juive dont je n'oublierai jamais le souvenir ni le dernier cri. Elle était étendue sur son lit de mort, elle allait paraître devant Dieu : eh bien ! à ce moment, elle se soulève, promène un regard effaré sur tous les meubles dorés qui l'entouraient, et s'écrie, en se tordant les mains de désespoir : *Grand Dieu, il me faut donc quitter tout cela !* C'est bien le cri de notre société moderne, à la veille peut-être d'épouvantables catastrophes : Il me faut donc quitter tout cela !

Mais ce ne sera pas le nôtre à nous, catholiques. Non, non, ce ne sera pas le nôtre.

Le nôtre à nous est celui-ci : Vive Dieu et la liberté d'aller à lui !

Le nôtre à nous, c'est le cri de ces saintes religieuses qui travaillent, qui obéissent, qui souffrent et qui, sur les murs blancs de leurs pauvres cellules, ont tracé cette sentence des cœurs libres : *Le plaisir de mourir sans peine vaut bien la peine de vivre sans plaisir.* Oui, nous, catholiques, à cette heure, nous n'avons pas beaucoup de plaisir, les fêtes nous ont abandonnés, les créatures nous échappent. Mais nous avons la foi, l'espérance et l'amour ! Mais pour nous le plaisir de mourir sans peine vaut bien la peine de vivre sans plaisir ! Ah ! qui oserait me dire que là n'est pas la liberté ?

III

Je reprends pour la troisième fois ma question : Quels sont les hommes libres et quels sont les esclaves ?

Les hommes libres, ce sont les persécutés ; et les esclaves, ce sont les persécuteurs.

Que les persécuteurs soient les esclaves, notre grand Pontife Pie IX le disait encore hier avec cette liberté de parole qui se joue comme le rayon de soleil ; il disait donc à une députation d'Allemands : « Les persécutés doivent être sans crainte, leur âme est inaccessible aux choses d'ici-bas. Les persécuteurs au contraire, attachés à la matière et périssables comme elle, sont remplis de terreur. » C'est vrai, il y a un je ne sais quoi qui trouble toujours l'âme des persécuteurs.

Les persécutés, au contraire, comme disait Pie IX, sont les hommes libres. Mon cher fils en Jésus-Christ, je m'adresse plus particulièrement à vous en ce moment : il importe que vous compreniez le rôle de la persécution dans l'Église, parce que peut-être aurez-vous une part, un jour, dans les souffrances de votre mère.

Dites-moi, vous êtes-vous déjà expliqué à vous-même ce phénomène admirable : comment l'Église catholique est toujours purifiée par une persécution, sans pouvoir en être jamais ébranlée ni déracinée ? Écoutez, je vais vous l'expliquer. C'est admirable.

L'Église, selon la comparaison dont s'est servi Notre Seigneur Jésus-Christ lui-même, l'Église est un arbre. Mais cet arbre de l'Église, au rebours des arbres d'ici-bas qui ont tous leurs racines dans la terre et leurs rameaux tendant vers le ciel, l'arbre de l'Église a, lui au contraire, ses racines au ciel et ses rameaux, ses branches tendant vers la terre. En d'autres termes, c'est un arbre retourné, c'est-à-dire que ses racines sont là-haut et que sa floraison se fait ici-bas.

Qu'arrive-t-il alors dans n'importe quelle persécution ? Les persécuteurs s'acharnant contre l'Église pour la déraciner, ne touchent jamais aux racines ; ils ne peuvent pas, elles sont au ciel. Ils ne font que battre et frapper les branches. Ils les émondent. Ils font l'office d'émondeurs. Sous leurs coups, les branches mortes se détachent, les vivantes sont dégagées, et l'arbre de l'Église, plus libre, s'élance plus radieux. Vous avez cru déraciner l'Église, ô persécuteurs ! vous lui avez rendu service. Demain l'arbre sera plus vert et plus majestueux.

Eh bien ! ô mon fils en Jésus-Christ ! le même phénomène se renouvelle pour l'enfant de l'Église, pour le catholique. En effet, le catholique, lui aussi, est une plante, mais une plante retournée qui a ses racines au ciel et son feuillage sur la terre. Ah ! ne sentez-vous pas, mon cher enfant, maintenant que vous êtes catholique, vos racines au ciel ; ne les sentez-vous pas plongeant dans le Cœur de Jésus-Christ, dans son sang, dans ses mérites et aussi dans les grâces de Marie et dans les feux de l'Esprit-Saint ? Vos racines y baignent, elles sont au ciel ! Et c'est votre feuillage qui s'épanouit de notre côté, du côté de la terre. Votre feuillage, c'est-à-dire vos vertus, votre piété, votre ferveur, votre innocence. Et alors qu'arriverait-il, ô mon enfant! si jamais une persécution, une tempête se déchaînait contre vous? Ce serait votre feuillage qui serait émondé; les petits défauts que vous pouvez avoir disparaîtraient, vos vertus se dégageraient, vous deviendriez plus mâle, plus vigoureux, *confortare et esto robustus*, vous deviendriez un grand catholique. O bienheureuse Marguerite-Marie! à cette idée de persécution mes entrailles s'émeuvent. Si jamais cet enfant avait à souffrir, oh! n'est-ce pas, vous veilleriez sur lui! Je vous l'ai offert, je vous le confie; ô Marguerite! soyez sa mère. Que sous votre garde il fasse toujours honneur à cette chapelle, à son baptême dans le Sacré Cœur! . . . .

. . . .

. . . .

. . . .

. . . .

CHAPITRE VI

Les Remerciements

Nous avons détaché du discours précédent
la péroraison, afin qu'elle fût l'occasion d'un
chapitre d'actions de grâces.

Au soir de ce jour béni, M. Joseph se tour-
nait, du haut de la chaire, vers l'autel témoin
de l'apparition du Sacré Cœur et témoin du
baptême, et prononçait d'une voix émue ces
remerciements :

« Et maintenant, ô Jésus-Christ! à vous en
« terminant nos plus tendres remerciements.

« Merci de nous avoir accueillis dans cet
« asile de votre Cœur. Votre Cœur, ah! il
« nous appartenait aussi, à nous autres
« pauvres juifs. Il nous appartenait, d'abord
« parce que c'est nous qui vous l'avons donné.
« Vous l'avez reçu dans le sein très pur de la
« Vierge Marie, notre sœur. Nous vous l'a-
« vions donné, et maintenant vous nous le
« rendez, merci!

« Il nous appartenait encore, ce Cœur,
« parce que dans la Passion c'est la seule
« partie de votre saint corps que nous ayons
« respectée. Nous avons percé vos mains et
« vos pieds, hélas! oui, nous les avons per-
« cés, mais ce n'est pas nous qui avons
« percé votre Cœur; non, ce n'est pas nous,
« c'est le centurion. Il le fit de lui-même,
« cela n'était pas dans le programme de la
« Passion.

« Merci donc, ô Jésus-Christ! de nous

« avoir rendu ce Cœur qui venait de nous et
« que nous avions respecté.

« Au nom de cet enfant, merci, au nom
« de mon frère, en mon nom et aussi au
« nom de tous les israélites convertis.

« Merci au nom de nos patriarches, dont
« vous avez été le *désiré*. Pour nous, leurs
« heureux enfants, vous êtes enfin le *bien-aimé*.

« Merci au nom de nos juives si pures et
« si belles, de Rébecca et de Rachel, mais
« moins pures pourtant et moins belles que
« votre Marguerite, la Marguerite de votre
« Cœur.

« Merci également au nom de Marie votre
« Mère. Oui, ô Jésus-Christ! j'ose dire que
« j'entrevois une scène du ciel, Marie vous
« remercie en ce moment d'avoir bien voulu
« reprendre aujourd'hui dans votre Cœur
« Israël votre enfant : *Suscepit Israel puerum*
« *suum*.

« Et merci enfin au nom de cette assemblée
« qui représente l'Église catholique. Elle a
« bien voulu accueillir avec allégresse l'enfant
« d'Israël repentant, elle lui a fait cortége, elle
« a partagé son bonheur, montrant par là avec
« quel empressement l'Église catholique tout
« entière accueillera un jour la conversion
« du peuple juif et lui fera fête. Oh! oui
« chère assemblée, chère Église, nous israé-
« lites convertis, nous vous remercions avec
« toute l'effusion de nos âmes. Mais encore
« à vous, ô Cœur de Jésus - Christ ! un
« merci sans limite et sans fin; éternellement
« merci ! »

Tels furent ces remerciements. Ils formeront désormais le commencement d'une chaîne
d'actions de grâces; une double chaîne :

La première, qui doit aller du cœur de ce
peuple au Cœur adorable de Jésus-Christ. *Je*

les attirerai par des chaînes d'amour, dit le Seigneur. Voilà donc le premier anneau posé dans cette délicieuse petite chapelle. Puissent d'autres israélites, en venant à Paray, continuer la chaîne et la faire longue et magnifique. C'est le vœu qu'exprimait naguère dans une lettre le fervent néophyte :

« J'espère que mon baptême n'est que la première goutte de la source de miséricorde descendue du Cœur de Jésus sur le peuple israélite, et que bientôt les différentes tribus d'Israël viendront demander pardon à ce Cœur adorable. Depuis quelque temps je ne pense qu'au peuple juif et j'offre toutes mes souffrances et mes prières pour lui. Oh ! puisse ma conversion être le premier anneau de la chaîne qui compose le peuple juif. Espérons que le Sacré Cœur attirant vers lui ce premier petit anneau, ne tardera pas d'attirer aussi vers lui le reste des enfants d'Israël. »

Une seconde chaîne, avons-nous dit : la chaîne d'affection entre les cœurs israélites et les cœurs catholiques. Quelle belle scène se verra lorsque le peuple en retard dans son amour, le peuple israélite, apportera son renfort au peuple déjà si avancé dans son amour, le peuple catholique ! Quelle belle chaîne que celle qui sera composée des cœurs de l'Ancien Testament entrelacés aux cœurs du Nouveau Testament ! Il semble que l'action de grâces vers le ciel montera alors plus fervente, que le feu de l'encensoir brûlera plus ardent, en même temps que la charité sur la terre sera renouvelée. C'est là ce qu'on a entrevu dans la fête de Paray.

Dans l'histoire du Prince des Apôtres, il y a un symbole très authentique et très suave de cette union qui doit se faire. Ce sont les abbés Lémann eux-mêmes qui l'ont indiqué à l'heureux pèlerin qui tient la plume.

Saint Pierre fut deux fois chargé de chaînes, à Jérusalem et à Rome, par ordre d'Hérode et par ordre de Néron. Jusqu'en 436, l'Église de Jérusalem conserva précieusement sa chaîne, et l'Église de Rome conservait la sienne. Sous le pape saint Léon, la chaîne honorée à Jérusalem fut apportée à Rome et remise au pape qui tenait l'autre entre ses mains. Réunies ensemble, elles se soudèrent aussitôt miraculeusement l'une à l'autre pour n'en former qu'une seule. Elles se voient et se vénèrent à *Saint-Pierre-aux-Liens*.

Eh bien! il en sera un jour ainsi des deux peuples de Dieu, du peuple israélite et du peuple catholique. Tous les deux venus de Dieu, mais longtemps séparés, longtemps étrangers l'un à l'autre, ils se reconnaîtront un jour. Le peuple de Jérusalem viendra trouver le peuple de Rome ; sous une grâce subite et irrésistible, ils se souderont comme les deux chaînes, et leurs cœurs ne formeront plus qu'un seul cœur, *le cœur catholique*, pour adorer, aimer et servir le SACRÉ COEUR.

Table des Chapitres

DIJON, IMP. DARANTIERE, RUE CHABOT-CHARNY.

www.ingramcontent.com/pod-product-compliance
Lightning Source LLC
LaVergne TN
LVHW021038050726
842519LV00003B/907